Bernhard Winter
KURZ UND GLÜCKLICH

Bernhard Winter

Kurz und glücklich

Vierzig Mantras für ein gutes Leben
Mit Bildern von Miri Haddick

VERLAG NEUE STADT
MÜNCHEN · ZÜRICH · WIEN

Klimaneutral gedruckt – weil jeder Beitrag wichtig ist

MIX
Papier
FSC FSC® C083411

CPi klimaneutral
Mehr Bäume.Weniger CO_2

2018, 1. Auflage

Gestaltung und Satz: Stefan Liesenfeld

Druck und Bindung: cpi – Clausen & Bosse, Leck
ISBN 978-3-7346-1160-5
Printed in Germany

www.neuestadt.com

Für Hans-Jochen Vogel, 92, und Laura, 1, deren wachem Blick ich dieses Buch und vieles andere verdanke

Vorwort

Sie halten ein besonderes Buch in Händen. Es wird Sie mit seinen Texten und Malereien verzaubern.
Mantras für ein gutes Leben wirken weniger auf der Verstandesebene, sondern entfalten ihre spirituelle Kraft durch bewusste Hingabe und wiederholtes Rezitieren. Die magischen Worte beschützen diejenigen, denen sie zuteilwerden.
Bernhard Winter spielt mit der Sprache, mit Eindrücken und Bildern, so leicht und liebevoll, als handle es sich um einen zerbrechlichen Schatz, den man mit Sorgfalt behandeln muss. Und ein Schatz sind seine Mantras allemal. Sie erzählen von Innerem, Äußerem und dem, was zwischen beidem geschieht, und zeigen uns darin einen Sinn, der im Alltagstrubel viel zu oft übersehen wird. Somit ist das Buch wie eine Auszeit, in der wir in eine poetische Welt eintauchen und uns stärken.
Die Texte schärfen unsere Sinne, sodass wir die Dinge neu sehen und verstehen. Es geht in den

Mantras um das innere Erleben von Liebe und Einsamkeit, von Selbstzweifel und Mut, um die Erfahrung, wie viel möglich ist, wenn wir an uns glauben. Und es geht um die Beziehungen zwischen den Menschen, um ihr Aufeinander-bezogen-Sein und die Wichtigkeit des anderen. Dass wir nur durch den Blick und die Aufmerksamkeit des Gegenübers wachsen können und Blüte und Frucht entwickeln. Einmal fragt der Autor: *wie weit ist ein wir?* Die Antwort: *so weit wie die welt.* Wie schön wäre es, wenn wir das „wir" ausdehnen würden von dem „ich und du" auf „ich und all die anderen". Es kommt der Gedanke an all die Fremden auf, mit denen uns so oft kein „wir" verbindet.

Begleitet von den wunderschönen Bildern der Künstlerin Miri Haddick verwandeln sich die Texte zu Zauberworten, die uns neue Impulse geben. Ich wünsche Ihnen nachdenkliche und bereichernde Augenblicke beim Lesen und Weitersagen.

Bärbel Wardetzki

Nein

Ja

Lassen

Unter hellen Häuten

Unter hellen Häuten
hoffen Wolf und Wahrheit
dass ihr Mensch sich schält

MiRi

Freiheit

Wie ein Fisch
Frei und doch
Gehalten im Fluss
Zappeln und zielen
Stranden und strömen
Ein Nein und das Ja
Warten und weiter
Der Fluss fließt
Zum Meer

Bruchstück

für Christoph Meckel

Gebrochenes Stück – Rest vom Zerfall
Und doch Mosaik: Farbstein im All

Wer B schweigt

Wer B schweigt darf
auch A schweigen

Vereinsamt

ohne mein Vereinsamt
bin ich dann vereinsamt

MIRI

herzwärts

statt unsre kinder
herzwärts hauchend
zu beatmen

vermaßen wir sie
hirnwärts zerrend
zu beamten

Zu viel Stier, zu wenig Kuh

Zu viel Zeug, zu wenig Spiel
zu viel Plan, zu wenig Ziel
zu viel Ernte, zu wenig Saat
zu viel Rede, zu wenig Tat

Zu viel Papst, zu wenig Petrus
zu viel Stau, zu wenig Blutfluss
zu viel Lärm, zu wenig Klingen,
zu viel Räuspern, zu wenig Singen

Zu viel Luft, zu wenig Kraft
zu viel Stoff, zu wenig Saft
zu viel Stier, zu wenig Kuh
zu viel Ich, zu wenig Du

ich bin ich

welt bin ich
ich bin welt:
weh bin ich
ich bin weh

macht bin ich
ich bin macht:
ach bin ich
ich bin ach

nicht bin ich
ich bin nicht:
ich bin ich

ich bin ich

um

verdienen um
mehr zu verdienen

schnell sein um
schneller zu sein

alt werden um
älter zu werden

tot sein um

um

Fallende Engel

Mit unseren Engeln
fallen wir erdwärts

verglimmen wie sie
Splitter der Nacht

Vierzehn Sekunden
zitterndes Nachbild

allen die sehen

MIRI 2018

mein blauer baum

ich glaubte nicht an
meinen blauen
baum

meine
schlauigkeit
erlaubte es mir nicht

mein blauer baum
aber glaubte
an mich

und schau
aus seinem laub
ein blauer baumgesang

Der Berg bewegt sich nicht

Und wenn die Feinde näher kommen, näher
jede Nacht näher: der Berg bewegt sich nicht
Und wenn das Böse mehr wird, immer mehr
jede Nacht mehr: der Berg bewegt sich nicht
Und wenn das Grauen da ist, rundherum da ist
jede Nacht da ist: der Berg bewegt sich nicht

Wenn dann sich der Berg bewegt, langsam doch
jeden Tag stärker: das Haus der Hölle fällt ein

alles und nichts

und wenn alles verloren ist
alles, wirklich alles, so ist
doch in Wirklichkeit nichts
verloren, überhaupt nichts

Lernen

Entwicklung

neinen
weinen
wähnen
währen
nähren
nahen
jahen

gestern in sparta

gestern in sparta
als ich dem blauen wellensittich
in *seiner* sprache
ehrliche antwort geben wollte
wurde mir auf einmal klar

ich hatte das pfeifen verlernt

und nahm dies zum anlass
mein leben neu zu beginnen

Lebenslauf
I

Leben laufen
Haare raufen
Haut verkaufen
Herz zerschnaufen
Haus versaufen
Scherbenhaufen

II

Laufen leben
Töne geben
Träume weben
Tänze schweben
Tiefes heben
Weinbergreben

Ein Riechen

Hundert Schauen ist wie
Zehn Hören ist wie
Ein Riechen

Sechse kommen durch die ganze Welt

Ich kann schweigen
du kannst lesen
er kann wiehern
sie kann brüllen
es kann lachen
wer kann tanzen?

Sechse kommen
durch die ganze Welt

Anstelle eines doppelbändigen Kompendiums der Elementar-Pädagogik

Schau mich an
hör mir zu
sei da
und

ich
wachse
aus Wurzeln
zu Blüte und Frucht

Im Runden den Riss

Doch das Runde, so wunderbar Runde
ist mein Freund nicht

Denn eure Kreise, Kugeln und Kreise -
sie rollen mich ein
und zingeln mich um

O zeigt mir Kanten, Knicke und Kanten:
im Runden den Riss
ins Freie den Schlitz

Den Schlupfspalt hinaus

Was bringt das ö?

Das Ohr zum Hören
den Strom zum Strömen
den Ton zum Tönen

dem Los Erlösung
dem Sohn Versöhnung,
dem o die Krönung

dem Kreis das Ziel:
des Königs Spiel

Was bringt das ü?

Den Mund zum Küssen
den Sturm zum Stürmen
den Turm zum Türmen

dem Schluss die Schlüssel
dem Zug die Zügel
dem u die Flügel

dem Bogen Ziel:
der Fürstin Spiel

sie lachen wo ich nicht

sie lachen wo ich nicht
lachen kann

sie flüstern wo ich
schreien will

sie stehen wo ich
knie

ich
gehe

Trau nur dem Löwen

Zum Wärter des Löwen will ich nicht
will nur zum Löwen
Dem Wärter des Löwen trau ich nicht
trau nur dem Löwen

Zum Vetter des Königs will ich nicht
will nur zum König
Dem Vetter des Königs trau ich nicht
trau nur dem König

Zum Herold der Göttin will ich nicht
will nur zur Göttin
Dem Herold der Göttin trau ich nicht
trau nur der Göttin

MIR

und

mit dem
Schlimmsten rechnen

und

an das
Beste glauben

Das Schiff

Und es kommt die Nacht
Und mit ihr die Angst
Und ich bleibe wach

Und es kommt der Tag
Und mit ihm das Wort
Und ich breche auf

Und es kommt der Wind
Und mit ihm das Schiff
Und ich steige ein

Lieben

Birke

Das Weiße im Schwarzen
Das Weiche im Harten
Das Kleine so hoch:
Du meine Birke, mein Baum

spiegel

warum
bin ich hier
warum der fuchs der apfelbaum

und sag doch sind wir wirklich wir
oder bild in eines andern traum
will jenes in dem alles ist

uns träumend:

sich im spiegel schaun
das viele aus dem einen baun
das große mit dem kleinen traun

warum bin ich hier warum der
fuchs der apfel
baum?

wie weit ist ein wir?

weit wie ein haus
weit wie ein dorf
weit wie ein land

so weit wie die welt

wer wenn nicht wir

wölfe

weiß
vom großen riss
wagt
den ersten kuss
will
den letzten biss

Kleine Nachtigall

Und warten auch
hundert Lieder in dir
kleine Nachtigall
          du schweigst
Und warben auch
hundert Händler um dich
kleine Nachtigall
          du schweigst
Und starben auch
hundert Prinzen für dich
kleine Nachtigall
          du schweigst
Von hundert Rosen
ein Garten
kleine Nachtigall
          und du singst

Wild doch mir nah war

Wild doch mir nah war
der Fluss der riss
und noch riss als der
Damm ihm das Bett nahm

Wild doch mir nah war
der Baum der trieb
und noch trieb als die
Axt ihm ins Holz fuhr

Wild doch mir nah war
der Fuchs der biss
und noch biss als die
Jagd ihm ans Fell ging

Wild doch mir nah ist
der Narr der pfeift
und noch pfeift wenn die
Welt ihm das Maul stopft

Frisch verleibt

Plötzlich
Ich habe Hände
Spüre Füße
Ein Kribbeln
Im linken
Ohr
Der Bauch
Ist warm
Atem ein und
Atem aus
Herzklopfen
Wie lange nicht mehr
Irgendwie schön
Bin ich

Frisch verleibt?

dein lächeln

dein lächeln

ein drittel witz
ein drittel schönheit
ein drittel weisheit
ein drittel liebe

so reich
dass es leicht
für
vier drittel reicht

Kussart

Ein Kuss
wie ich

ihn liebe
ist ein
Kuss wie
ein Fluss

Der Kuss
wie du

ihn genießt
ist der
Kuss der
dich fließt

Nimmart

Die Art
wie du

dich mir gibst
ist mit
Haut und
mit Haar

Die Art
wie ich

dich nehme
sie hat
Hand und
hat Mund

Erwartet werden

Die Sonne vom Nordmeer
Der Stern von den Weisen
Der Mond von der Wölfin
Du von mir, ich von dir

Das Lied von der Stille
Der Tag von der Nacht
Der Anfang vom Ende
Du von mir, ich von dir

Du bist der Berg

für Odilo Lechner

Du bist der Berg sagt
Die Amsel zum Adler
Denn du fliegst hoch

Du bist der Berg sagt
Der Knabe zum Vater
Denn du bist stark

Du bist der Berg sagt
Der Gipfel zur Rose
Denn du bist schön

Aus dem Schweigen lass wachsen den Schrei

Aus dem Schweigen lass wachsen den Schrei
Aus dem Schrei lass wachsen den Klang
Aus dem Klang lass wachsen das Staunen
Aus dem Staunen den Dank

Aus dem Dank wird wachsen die Liebe
Aus der Liebe der Samen die Fülle das Wort

Inhalt

LASSEN

LERNEN

LIEBEN

Bernhard Winter, geboren in Augsburg, lebt in der Nähe von München und arbeitet dort als Psychotherapeut in einer Praxis.
Zuletzt erschien von ihm: „Im Garten war Nacht. Vierzig Schutzgedichte und ein gutes Wort für den armen Paul" (München 2015). Er hat für sein Schreiben mehrere Auszeichnungen erhalten, viele seiner Texte wurden vertont.

Auf die Frage, warum er Schriftsteller ist, sagt Bernhard Winter: „Ich suche Worte, die die Welt zum Klingen bringen."

Näheres unter: www.winternetz.net

Miri Haddick, geboren in Düsseldorf, lebt am Bodensee. Nach dem Studium der Landschaftsarchitektur künstlerische Ausbildung an verschiedenen Akademien. Die freischaffende Künstlerin ist durch Ausstellungen im In- und Ausland bekannt. Bislang erschienen von ihr: „Das Wort zum Montag" (Lindenberg 2015) und „Welch ein Glück!" (Gilching 2018).

„Ich glaube, dass Kreativität nicht nur aus Krisen heraus erwächst, sondern auch aus dem persönlichen Glück."

Näheres unter: www.miri-haddick.de

Verlag Neue Stadt

www.neuestadt.com